学校では教えてくれなかった英語

「ごちそうさま」を英語で言えますか?

デイビッド・セイン

アスコム

はじめに

英語でどう言っていいのか、
なかなかわからない表現ってありませんか？
例えば、食事が終わって、
「ごちそうさま」と言いたくて、

I finish eating.

と、直訳してしまう。
これは、

あー食べ終わったー。 → \まずかった?/

と感謝の気持ちもない失礼な表現。
こう言われた相手は、がっかりしてしまいます。
食事時の「ごちそうさま」は、英語では、

「That was delicious！」

です。

では、
次の日本語はどうですか?

- お疲れさま。
- よろしく。
- お先にどうぞ。
- おじゃましました。
- お気の毒。
- とりあえず、ビール。
- ほんの気持ちです。
- めんどくさい。
- 割り勘にしよう。
- 召し上がれ。
- ペンキ塗りたて。

はじめに

私は、日本でかれこれ30年近く英語を教えているのですが、
英語で「ごちそうさま」はどう言ったらいいの？
と質問されることがよくあります。

日本語には日本語特有の言い回しがたくさんあって、
ふだんのコミュニケーションでよく使われていますよね。
でも、そういった表現をいざ英語に訳そうとしても、
なかなかいい表現が見つからないのが現実…。

そこで私は、
日本人が日本語でよく使う表現だけれど、
英語ではどう言ったらいいのかわからない、
そういった、言えそうで言えない表現を、
場面ごとにまとめて、1冊の本に仕上げました。

日本人のみなさんが、日本人らしさをそのままに、
英語で自分の気持ちをすっきりと伝えられる、
お手伝いができれば幸いです。

この本が、みなさんの英会話を、
より自由で楽しいものにできるよう祈っています。

David A. Thayne

目次

CHAPTER 1 毎日の生活で使う英語 …… 007

毎日使う挨拶／起きてから身支度まで／
料理をするとき／ごはんを食べるとき／
料理の感想を言うとき／TVにまつわる表現／
帰宅してから眠るまで／ダイエットで／
子育てで／ペットと遊ぶとき

CHAPTER 2 よそゆき使いの英語 …… 043

はじめて会ったとき／お宅を訪問するとき／
おもてなしするとき／プレゼント／冠婚葬祭

CHAPTER 3 仕事で使う英語 …… 059

仕事をお願いするとき／携帯にまつわる表現／
電話で／PCにまつわる表現／社内コミュニケーション
注意したいとき／アドバイスするとき／何かお願いするとき／
何か教えてほしいとき／何かわかったとき／
念を押したいとき／自信がないとき／
確認したいとき／可能性を言いたいとき／
一言伝えるとき／何かを認めるとき／
何かを評価するとき／疲れてしまったとき
予定を聞きたいとき／納得したとき／
賛成するとき／反対するとき／弁解したいとき／
任せてほしいとき／提案したいとき

CHAPTER 4 余暇を楽しむときの英語 …… 121

レストラン・カフェで／飲み会で／クレームを言いたいとき

目次

CHAPTER 5　海外旅行で使う英語 ……… 131

旅行の計画中に／旅行中に／電車で／ドライブで／
ホテルで／ショッピングで／街を歩くとき／
ツアーに参加したとき

CHAPTER 6　トラブルで使う英語 ……… 161

災害に遭遇したとき／事件・事故にあったとき／
体調が悪いとき

CHAPTER 7　便利な英語 ……… 177

相づちを打ちたいとき／ちょっと確認したいとき／
正解！と言いたいとき／いろいろ質問したいとき／
聞き返したいとき／つなぎ言葉／
秘密を打ち明けたいとき／いいね！と言いたいとき

CHAPTER 8　気持ちを伝える英語 ……… 201

感謝したいとき／応援したいとき／褒めたいとき／
励ましたいとき／驚いたとき／感激したとき／
ほっとしたとき／お断りしたいとき／興味がないとき／
文句を言いたいとき／言い返したいとき／怒ったとき／
ピンチのとき／謝りたいとき／がっかりしたとき

CHAPTER 9　人を描写する表現 ……… 243

人の性格を表す表現／人の体形を表す表現

CHAPTER 1

毎日の生活で使う英語

English used in everyday life

家族との食事、家事、育児、ペットなど、毎日の生活で、家族間のコミュニケーションは欠かせません。家庭でよく使うフレーズをまとめました。

English used in everyday life

....

INDEX

- 毎日使う挨拶
- 起きてから身支度まで
- 料理をするとき
- ごはんを食べるとき
- 料理の感想を言うとき
- TVにまつわる表現
- 帰宅してから眠るまで
- ダイエットで
- 子育てで
- ペットと遊ぶとき

CHAPTER 1
毎日の生活で使う英語
毎日使う挨拶

- ☑ いい天気ですね。 1

- ☑ よく眠れた？ 2

- ☑ 行ってきます！ 3

- ☑ 行ってらっしゃい！ 4

- ☑ ただいま。 5

- ☑ お帰り！ 6

- ☑ おやすみ。 7

CHAPTER I. 毎日の生活で使う英語 | 毎日使う挨拶

CHAPTER 1
English used in everyday life

Daily greetings

1. ☑ Nice day, isn't it?

2. ☑ Did you have a good sleep?

3. ☑ See you later!

4. ☑ Take care!

5. ☑ I'm home.

6. ☑ How was school / work?

7. ☑ Sweet dreams.

CHAPTER 1
毎日の生活で使う英語

起きてから身支度まで

- ☑ 肩にフケがついてるよ。 ▶ 1

- ☑ シャツのすそがはみ出てるよ。 ▶ 2

- ☑ シャツに口紅がついてるよ。 ▶ 3

- ☑ スカートのすそから
  スリップが見えてるよ。 ▶ 4

- ☑ ズボンのチャックが開いてるよ。 ▶ 5

- ☑ シャツが裏返しだよ。 ▶ 6

- ☑ ネクタイが曲がってるよ。 ▶ 7

CHAPTER 1

English used in everyday life

From getting up to getting ready to leave

1. ☑ You've got dandruff.

2. ☑ Your shirttail's sticking out.

3. ☑ You have lipstick on your shirt.

4. ☑ Your slip's showing.

5. ☑ XYZ. (examine your zipper の省略)

6. ☑ Your shirt's inside-out.

7. ☑ Your necktie's crooked.

CHAPTER 1
毎日の生活で使う英語
起きてから身支度まで

☑ ボタンが取れてるよ。 1

☑ ちょっと派手すぎじゃない？ 2

☑ メガネが曇ってるよ。 3

☑ あたたかくして出た方がいいよ。 4

☑ 靴の紐がほどけてるよ。 5

☑ 靴下に穴があいてるよ。 6

☑ 寝癖ついてるよ。 7

CHAPTER 1. 毎日の生活で使う英語 | 起きてから身支度まで

CHAPTER 1
English used in everyday life
From getting up to getting ready to leave

1. ☑ You're missing a button.

2. ☑ Isn't it a little too colorful?

3. ☑ Your glasses are fogged up.

4. ☑ Bundle up.

5. ☑ Your laces are undone.

6. ☑ There's a hole in your sock.

7. ☑ You have bed head.

CHAPTER 1
毎日の生活で使う英語
起きてから身支度まで

- [x] 体臭が気になるんだけど…。 　1

- [x] 白髪が目立ってるよ。 　2

- [x] ちょっと年寄りっぽいかも。 　3

- [x] 洋服の趣味がいいね。 　4

- [x] 似合うね。 　5

- [x] 忘れ物はない？ 　6

- [x] 送ってあげようか？ 　7

CHAPTER I. 毎日の生活で使う英語 | 起きてから身支度まで

CHAPTER 1
English used in everyday life
From getting up to getting ready to leave

1. ☑ You have BO. (BO = body odor)

2. ☑ Your hair's turning grey.

3. ☑ It makes you look old.

4. ☑ You have good taste in clothes.

5. ☑ It suits you.

6. ☑ Don't forget anything?

7. ☑ (Do you) Need a ride?

CHAPTER 1
毎日の生活で使う英語
料理をするとき

☑ **あつっ!!**
熱い鍋に手を触れてしまったときなどに。

1

☑ **お鍋吹きこぼれそうだよ。**

2

☑ **この包丁あまりよく切れないな。**

3

☑ **残り物でぱぱっと作ってみたの。**

4

☑ **これ賞味期限が過ぎてるよ。**

5

☑ **電子レンジに5分かけて。**

6

☑ **何だか臭い。**

7

CHAPTER I. 毎日の生活で使う英語 | 料理をするとき

CHAPTER I
English used in everyday life
Cooking

1. ☑ Ouch!

2. ☑ It's boiling over.

3. ☑ This is dull.

4. ☑ I made this from leftovers.

5. ☑ The expiration date has passed.

6. ☑ Microwave it for five minutes.

7. ☑ Something smells.

CHAPTER 1
毎日の生活で使う英語
料理をするとき

- [ ] 何だか焦げ臭いよ。　　　　　1

- [ ] ふたがなかなかあかない！　　2

- [ ] 塩をひとつまみいれます。　　3

- [ ] 肉が焦げてるよ！　　　　　　4

- [ ] 味見してみて！　　　　　　　5

- [ ] 小腹がすいた。　　　　　　　6

- [ ] 夕飯、どうする？　　　　　　7

CHAPTER I. 毎日の生活で使う英語 | 料理をするとき

CHAPTER I
English used in everyday life

Cooking

---

1. ☑ Something's burning.

2. ☑ I can't open this!

3. ☑ It needs a pinch of salt.

4. ☑ The meat's burning!

5. ☑ Taste this for me!

6. ☑ I'm kind of hungry.

7. ☑ What about dinner?

CHAPTER 1
毎日の生活で使う英語
ごはんを食べるとき

- ☑ 食事の前は手を洗いなさい。　　1

- ☑ 食事ができたよ。　　2

- ☑ 今行く。　　3

- ☑ 食器をテーブルに並べてちょうだい。　　4

- ☑ おいしそう！　　5

- ☑ さあ、召し上がれ！　　6

- ☑ いただきます！　　7

CHAPTER 1. 毎日の生活で使う英語 | ごはんを食べるとき

CHAPTER 1
English used in everyday life

Eating a meal

1. ☑ Go wash up.

2. ☑ Dinner's ready.

3. ☑ I'm coming.

4. ☑ Set the table.

5. ☑ Looks good!

6. ☑ Come and get it!

7. ☑ Let's eat!

CHAPTER 1
毎日の生活で使う英語
ごはんを食べるとき

☑ 食べてみて！ 1

☑ 残しちゃだめだよ。 2

☑ おかわり！ 3

☑ お腹いっぱい。 4

☑ 何か飲み物をちょうだい。 5

☑ 音を立てて食べないで。 6
スープやパスタを食べるときなどに。

☑ 口の中をやけどしちゃった！ 7

CHAPTER 1. 毎日の生活で使う英語 | ごはんを食べるとき

CHAPTER 1
English used in everyday life

Eating a meal

1. ☑ Try it!

2. ☑ No leftovers.

3. ☑ Seconds, please!

4. ☑ I'm full.

5. ☑ Can I have something to drink?

6. ☑ Stop slurping.

7. ☑ I burned my mouth!

CHAPTER 1 毎日の生活で使う英語
ごはんを食べるとき

☑ 好き嫌いしないでね。　1

☑ 好き嫌いはありません。　2

☑ ひとつもらっていい？　3

☑ まだあるよ。　4

☑ 残りを(全部)食べてもいい？　5

☑ 全部食べちゃだめだよ。　6

☑ ごちそうさま。　7

CHAPTER I. 毎日の生活で使う英語 | ごはんを食べるとき

CHAPTER 1
English used in everyday life

Eating a meal

1. ☑ Don't be so finicky.

2. ☑ I like everything.

3. ☑ Can I have one?

4. ☑ I still have some.

5. ☑ Can I have the rest?

6. ☑ Don't eat them all.

7. ☑ That was delicious.

CHAPTER 1 毎日の生活で使う英語

料理の感想をいうとき

☑ 今まで食べた中で最高！

☑ おいしい。

☑ 油っぽい。

☑ しょっぱい。

☑ スパイシー。

☑ 甘い。

☑ 苦い。

CHAPTER I. 毎日の生活で使う英語 | 料理の感想をいうとき

CHAPTER 1
English used in everyday life
Talking about food

1. ☑ It's scrumptious!

2. ☑ It's tasty.

3. ☑ It's oily.

4. ☑ It's salty.

5. ☑ It's spicy.

6. ☑ It's sweet.

7. ☑ It's bitter.

CHAPTER 1
毎日の生活で使う英語

料理の感想をいうとき

- [ ] 酸っぱい。

- [ ] 辛い。

- [ ] 生臭い。

- [ ] 素朴な味。

- [ ] 味がない。

- [ ] ぱさぱさする。

- [ ] 激辛だ！

CHAPTER I. 毎日の生活で使う英語 | 料理の感想をいうとき

CHAPTER I
English used in everyday life
Talking about food

1. ☑ It's sour.

2. ☑ It's hot.

3. ☑ It's gamy.

4. ☑ It's simple.

5. ☑ It's tasteless.

6. ☑ It's dry.

7. ☑ My mouth is burning!

CHAPTER 1
毎日の生活で使う英語
TVにまつわる表現

- ☑ あの選手がテレビに出てる！ 1

- ☑ 5チャンは何をやっているの？ 2

- ☑ チャンネル変えてもいいかな？ 3

- ☑ テレビのボリュームを下げて。 4

- ☑ テレビばっかり見ないの。 5

- ☑ DVD見てもいい？ 6

- ☑ このドラマを録画してくれない？ 7

CHAPTER 1. 毎日の生活で使う英語 | TVにまつわる表現

CHAPTER 1

English used in everyday life

Talking about TV

1. ☑ He's on TV!

2. ☑ What's on Channel 5?

3. ☑ Can I switch channels?

4. ☑ Let's turn it down.

5. ☑ You're a couch potato.

6. ☑ Can I watch a DVD?

7. ☑ Could you record this drama for me?

CHAPTER 1
毎日の生活で使う英語
帰宅してから眠るまで

- ☑ お風呂にはいってくる。

- ☑ 必ず歯を磨きなさい。

- ☑ 明日の準備はできた？

- ☑ 明日7時に起こしてね。

- ☑ 灯りを消して。

- ☑ あまり夜更かししないように。

- ☑ 寝る時間だよ。

CHAPTER 1. 毎日の生活で使う英語 | 帰宅してから眠るまで

CHAPTER 1
English used in everyday life

From getting home to going to sleep

1. ☑ I'm going to take a bath.

2. ☑ Make sure you brush your teeth.

3. ☑ Are you ready for tomorrow?

4. ☑ Wake me up at 7:00 tomorrow.

5. ☑ Turn out the lights.

6. ☑ Don't stay up too late.

7. ☑ Time for bed.

CHAPTER 1
毎日の生活で使う英語
ダイエットで

- [ ] いつもダイエットを続けられない。 1

- [ ] お腹を引っ込ませたい。 2

- [ ] 運動しなきゃ。 3

- [ ] 顔を小さくしたい。 4

- [ ] 体重が減った。 5

- [ ] 体重が増えた。 6

- [ ] 彼女はダイエット中。 7

CHAPTER I. 毎日の生活で使う英語 | ダイエットで

CHAPTER 1
English used in everyday life

Dieting

1. ☑ I can't stay on a diet.
2. ☑ I want a flat stomach.
3. ☑ I need to exercise.
4. ☑ I want a smaller face.
5. ☑ I lost weight.
6. ☑ I gained weight.
7. ☑ She's on a diet.

CHAPTER 1
毎日の生活で使う英語
子育てで

- ☑ **いい子にしてね。** 1

- ☑ **いないいないばー。** 2
  赤ちゃんにむかって。

- ☑ **おいで。** 3

- ☑ **オムツ取り替えようね。** 4
  赤ちゃんにむかって。

- ☑ **おんぶしようか?** 5

- ☑ **お行儀よくしなさい。** 6

- ☑ **静かに。** 7

CHAPTER I. 毎日の生活で使う英語 | 子育てで

CHAPTER I

English used in everyday life

Parenting

1. ☑ Mind your manners.

2. ☑ Peek-a-boo.

3. ☑ Come to daddy.

4. ☑ It's diaper time.

5. ☑ How about a piggy-back ride?

6. ☑ Mind your Ps and Qs.
   pとqを書き間違えないように注意したことが起源だと言われています。

7. ☑ Hush.

CHAPTER 1
毎日の生活で使う英語
子育てで

- [ ] **ネンネしなさい。**
  赤ちゃんに。

- [ ] **マンガばかり読んでないのよ。**

- [ ] **危ないことしちゃダメよ！**

- [ ] **じゃんけんぽん！**

- [ ] **よーい、どん！**

- [ ] **勉強する時間ですよ。**

- [ ] **目が悪くなりますよ。**

CHAPTER 1. 毎日の生活で使う英語 | 子育てで

CHAPTER 1
English used in everyday life
Parenting

1. ☑ Go to sleep.

2. ☑ All you do is read manga.

3. ☑ Don't kill yourself!

4. ☑ Paper, rock, scissors!

5. ☑ Ready, set, go!

6. ☑ Time to hit the books.

7. ☑ It'll ruin your eyes.

CHAPTER 1 毎日の生活で使う英語

ペットと遊ぶとき

- ☑ お座り。
- ☑ お手。
- ☑ 取ってこい！
- ☑ めっ。
- ☑ よし。
- ☑ 待て。
- ☑ 伏せ。

CHAPTER 1. 毎日の生活で使う英語 | ペットと遊ぶとき

CHAPTER 1

English used in everyday life

Playing with a pet

1. ☑ Sit.

2. ☑ Shake.

3. ☑ Fetch!

4. ☑ No, bad dog.

5. ☑ Good girl. / Good boy.

6. ☑ Wait.

7. ☑ Down.

CHAPTER 2
よそゆき使いの英語
English for going out

初対面でのご挨拶や、贈り物を差し上げたり、お宅を訪問したり…。ちょっとしたときに使える、丁寧でフォーマルな英語をまとめました。

English for going out

INDEX

- はじめて会ったとき
- お宅を訪問するとき
- おもてなしするとき
- プレゼント
- 冠婚葬祭

CHAPTER 2
よそゆき使いの英語

はじめて会ったとき

- ☑ はじめまして。 ▶1

- ☑ どこかでお会いしましたっけ？ ▶2

- ☑ あなたの噂はかねがね聞いてます。 ▶3

- ☑ 名刺です。 ▶4

- ☑ すみません名刺を切らしてまして。 ▶5

- ☑ 携帯番号を教えてくれませんか？ ▶6

- ☑ ご職業は？ ▶7

CHAPTER 2. よそゆき使いの英語 | はじめて会ったとき

CHAPTER 2
English for going out
Meeting someone for the first time

1. ☑ Hello, nice to meet you.

2. ☑ Do I know you?

3. ☑ I've heard all about you.

4. ☑ Here's my business card.

5. ☑ Sorry, but I'm out of cards.

6. ☑ Could I have your number?

7. ☑ What type of work do you do?

CHAPTER 2
よそゆき使いの英語

はじめて会ったとき

- ☑ 会社員です。 1

- ☑ 大学での専攻は何ですか？ 2

- ☑ ご出身はどちらですか？ 3

- ☑ どちらにお住まいですか？ 4

- ☑ ご兄弟はいらっしゃいますか？ 5

- ☑ 3人兄弟の末っ子です。 6

- ☑ 兄がいます。 7

CHAPTER 2. よそゆき使いの英語 | はじめて会ったとき

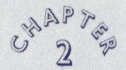

CHAPTER 2
English for going out

Meeting someone for the first time

1. ☑ I'm an office worker.

2. ☑ What was your major in college?

3. ☑ Where are you from?

4. ☑ Where do you live?

5. ☑ Do you have any brothers and sisters?

6. ☑ I'm the youngest of three children.

7. ☑ I have an older brother.

CHAPTER 2 よそゆき使いの英語

お宅を訪問するとき

☑ **おじゃまします。** 1

☑ **つまらないものですが、どうぞ。** 2
手土産を渡すときに。

☑ **おかまいなく。** 3

☑ **お手洗いお借りできますか？** 4

☑ **お招きいただきありがとうございます。** 5

☑ **これで失礼します。** 6

☑ **おじゃましました。** 7

CHAPTER 2. よそゆき使いの英語 | お宅を訪問するとき

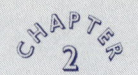

CHAPTER 2
English for going out

Visiting someone's house

1. ☑ Sorry to bother you.

2. ☑ I have a little something.

3. ☑ Don't go out of your way.

4. ☑ May I use your bathroom?

5. ☑ Thank you for inviting me over.

6. ☑ I have to leave now.

7. ☑ Thank you for having me.

CHAPTER 2
よそゆき使いの英語

おもてなしするとき

☑ どなたさまですか？　　　　　　　　▶1

☑ いらっしゃいませ。　　　　　　　　▶2

☑ お茶どうぞ。　　　　　　　　　　　▶3

☑ お口にあうといいのですが。　　　　▶4

☑ ゆっくりしていってください。　　　▶5

☑ お待ちしておりました。　　　　　　▶6

☑ 何かお持ちしましょうか？　　　　　▶7

CHAPTER 2. よそゆき使いの英語 | おもてなしするとき

CHAPTER 2
English for going out
Entertaining guests

1. ☑ Who is it?

2. ☑ Thanks for coming.

3. ☑ Would you like some tea?

4. ☑ I hope you like it.

5. ☑ Please make yourself comfortable.

6. ☑ I've been waiting for you.

7. ☑ Can I get you something?

CHAPTER 2
よそゆき使いの英語
プレゼント

- [ ] **あなたに差しあげますよ。**
  プレゼントを渡すときに。

- [ ] **これ。**
  何かを手渡すときに。

- [ ] **これどうぞ！**

- [ ] **これ彼女に。**

- [ ] **ちょうど欲しかったんだ。**

- [ ] **どうぞ、あげる。**

- [ ] **どんなものでもうれしい。**

CHAPTER 2. よそゆき使いの英語 | プレゼント

CHAPTER 2
English for going out

Giving gifts

1. ☑ This is for you.

2. ☑ Here you go.

3. ☑ Here, please take one.

4. ☑ This is for her.

5. ☑ It's just what I wanted.

6. ☑ You can have this.

7. ☑ Anything's fine.

CHAPTER 2
よそゆき使いの英語
プレゼント

- [ ] 何をもらったの？　　　　　　　　　1

- [ ] プレゼントがあるんだ。　　　　　　2

- [ ] ほんの気持ちだけど。　　　　　　　3

- [ ] これ、まさに欲しかったものです！　4

- [ ] 開けてみなよ。　　　　　　　　　　5

- [ ] 気に入ってくれるといいんだけど。　6

- [ ] 私のプレゼント気に入った？　　　　7

CHAPTER 2. よそゆき使いの英語 | プレゼント

CHAPTER 2
English for going out

Giving gifts

1. ☑ What did you get?

2. ☑ I got something for you.

3. ☑ This is a little something for you.

4. ☑ You made a good choice!

5. ☑ Open it.

6. ☑ Hope you like it.

7. ☑ How do you like it?

CHAPTER 2
よそゆき使いの英語
冠婚葬祭

- ☑ お悔やみを申し上げます。　　　1

- ☑ ご愁傷様です。　　　2

- ☑ 何かできることがあったら言ってね。　　　3

- ☑ 結婚おめでとうございます。　　　4

- ☑ 幸せになってね。　　　5

- ☑ とてもお似合いだね。　　　6

- ☑ うらやましいわ。　　　7

CHAPTER 2
English for going out
Events and ceremonies

1. ☑ Please accept my condolences.

2. ☑ You have my sympathies.

3. ☑ Let me know if I can do anything.

4. ☑ Congratulations on your marriage.

5. ☑ You're going to be so happy.

6. ☑ You're perfect for each other.

7. ☑ I'm so jealous.

CHAPTER 3
仕事で使う英語
English at work

オフィスでよくある場面に合わせてよく使うフレーズをまとめました。日本語と同じく、上司や先輩、同僚に後輩など、相手によって使い分けるものもあります。

English at work

INDEX

- 仕事をお願いするとき
- 携帯にまつわる表現
- 電話で
- PCにまつわる表現
- 社内コミュニケーション
- 注意したいとき
- アドバイスするとき
- 何かお願いするとき
- 何か教えてほしいとき
- 何かわかったとき
- 念を押したいとき
- 自信がないとき
- 確認したいとき
- 可能性を言いたいとき
- 一言伝えるとき
- 何かを認めるとき
- 何かを評価するとき
- 疲れてしまったとき
- 予定を聞きたいとき
- 納得したとき
- 賛成するとき
- 反対するとき
- 弁解したいとき
- 任せてほしいとき
- 提案したいとき

CHAPTER 3
仕事で使う英語

仕事をお願いするとき

☑ A3 を A4 に縮小してコピーして。　　　1

☑ (この書類は) 書き直しだね。　　　2

☑ これ、やってみて。　　　3

☑ バイク便をお願いします。　　　4

☑ 資料を 15 部作ってください。　　　5

☑ 重要なところにマーカーを引いて。　　　6

☑ 明日 10 時着指定で宅配便を出して。　　　7

CHAPTER 3. 仕事で使う英語 | 仕事をお願いするとき

CHAPTER 3
English at work

Assigning a job

1. ☑ Shrink this from A3 to A4.

2. ☑ Do it over.

3. ☑ Try this.

4. ☑ I'd like a bike pick-up.

5. ☑ Make 15 copies.

6. ☑ Highlight the important parts.

7. ☑ Send this for delivery at 10:00 tomorrow.

CHAPTER 3
仕事で使う英語

携帯にまつわる表現

☑ 充電器持っていませんか？　　　　　1

☑ 今電車の中なので、後でかけ直します。　2

☑ お電話が遠いようです。　　　　　　3

☑ 充電が切れちゃった。　　　　　　　4

☑ すいません、ちょっと携帯に出させてください。　5

☑ 携帯電話の電波が届かない。　　　　6

☑ 会議中にメールしないで。　　　　　7

CHAPTER 3
English at work
Cell phones

1. ☑ You don't have a recharger, do you?

2. ☑ I'm on the train, so I'll call later.

3. ☑ I can't hear you very well.

4. ☑ My battery died.

5. ☑ I'm sorry, I need to take this call.

6. ☑ My antenna's gone.

7. ☑ No texting in meetings.

CHAPTER 3
仕事で使う英語
電話で

- [ ] どちらさまですか？

- [ ] 少々お待ちください。

- [ ] 番号をお間違えのようですが。

- [ ] 彼はただいま席を外しております。

- [ ] 伝言をお願いできませんか？

- [ ] 折り返しお電話いたします。

- [ ] お待たせいたしました。

CHAPTER 3. 仕事で使う英語 | 電話で

CHAPTER 3
English at work

On the phone

1. ☑ Who's calling, please?

2. ☑ Hold on, please.

3. ☑ I think you have the wrong number.

4. ☑ He's away from his desk now.

5. ☑ Can I leave a message?

6. ☑ I'll call you back.

7. ☑ Thank you for waiting.

CHAPTER 3
仕事で使う英語

PCにまつわる表現

- ☑ このパソコンホントに遅いんだから。　1

- ☑ それ、壊れているよ。　2

- ☑ プリンターが紙詰まりだ。　3

- ☑ プリンターのインクがなくなった。　4

- ☑ メールの文字が文字化けしている。　5

- ☑ また迷惑メールが来たよ。　6

- ☑ 添付ファイルで送ってもらえる？　7

CHAPTER 3. 仕事で使う英語 | PCにまつわる表現

CHAPTER 3
English at work

Computers

1. ☑ This computer is so slow.

2. ☑ That's out of order.

3. ☑ The printer's jammed.

4. ☑ We're out of ink.

5. ☑ It's garbled.

6. ☑ More spam.

7. ☑ Could you attach it?

CHAPTER 3 仕事で使う英語
社内コミュニケーション

- **お疲れさま。**
  帰り際のあいさつとして。

- **お疲れさま。**
  外回りから帰って来た人に。

- **調子はどう？**

- **元気？**

- **今のところうまくいっています。**

- **いつも通りだよ。**

- **今、忙しいんです。**

CHAPTER 3. 仕事で使う英語 | 社内コミュニケーション

CHAPTER 3
English at work

In-house communication

1. ☑ Good night.

2. ☑ How did everything go?

3. ☑ How's it going?

4. ☑ What's up?

5. ☑ So far, so good.

6. ☑ Another day, another dollar.

7. ☑ I'm swamped.

CHAPTER 3
仕事で使う英語

社内コミュニケーション

- [ ] **すぐに戻ります。**
  ちょっと席を外すとき。

- [ ] **どうぞお先に。**

- [ ] **はい、ただいままいります。**

- [ ] **時間がたつのは早いね。**

- [ ] **今、ちょっといいかな？**

- [ ] **もう時間だよ！**

- [ ] **ちょっと休憩しよう。**

CHAPTER 3. 仕事で使う英語 | 社内コミュニケーション

CHAPTER 3
English at work
In-house communication

1. ☑ I'll be back in just a moment.

2. ☑ After you.

3. ☑ Right away.

4. ☑ Time flies.

5. ☑ Do you have a minute now?

6. ☑ Time's up!

7. ☑ Let's take a break.

CHAPTER 3
仕事で使う英語
注意したいとき

- [ ] この字、読めないよ。 1
- [ ] そんなことやっちゃだめだよ。 2
- [ ] そんなこと言わない方がいいよ。 3
- [ ] てきぱきとやりなさい！ 4
- [ ] 何てことしてくれたんだ！ 5
- [ ] 居眠りしないで！ 6
- [ ] 上司に言いつけますよ！ 7

CHAPTER 3. 仕事で使う英語 | 注意したいとき

CHAPTER 3
English at work

Being careful

1. ☑ I can't read this.

2. ☑ Don't do that.

3. ☑ You shouldn't say things like that.

4. ☑ Step on it!

5. ☑ Look what you did!

6. ☑ Nap time's over!

7. ☑ I'm going to tell!

CHAPTER 3
仕事で使う英語

アドバイスするとき

- [x] その方が無難かも。 1

- [x] もうちょっと待とう。 2

- [x] やってもいいんじゃない。 3

- [x] 一口では言えない。 4

- [x] 君の出方次第だね。 5

- [x] 今にわかるよ。 6

- [x] やめた方がいいんじゃない？ 7

CHAPTER 3. 仕事で使う英語 | アドバイスするとき

CHAPTER 3
English at work

Giving advice

1. ☑ May be you'd better.

2. ☑ Let's wait some more.

3. ☑ It can't hurt.

4. ☑ Yes and no.

5. ☑ It's up to you.

6. ☑ You'll see.

7. ☑ I wouldn't.

CHAPTER 3
仕事で使う英語
何かお願いするとき

☑ **大変恐縮なのですが…。** ▶1

☑ **もしできれば…。** ▶2

☑ **もしよかったら…。** ▶3

☑ **もし時間があったら…。** ▶4

☑ **よろしく。頼んだよ。** ▶5

☑ **手伝ってくれませんか？** ▶6

☑ **言いにくいんだけど…。** ▶7

CHAPTER 3. 仕事で使う英語 | 何かお願いするとき

CHAPTER 3
English at work

Asking for favors

1. ☑ Would you do me a big favor?

2. ☑ If you can... .

3. ☑ If you want... .

4. ☑ If you have time... .

5. ☑ I'm counting on you.

6. ☑ Can you help?

7. ☑ I hate to tell you this, but... .

CHAPTER 3
仕事で使う英語

何か教えてほしいとき

- [ ] それ何？
- [ ] それ何て言うの？
- [ ] どうして？
- [ ] じゃあそうしよう。
- [ ] どうして知っているの？
- [ ] どうやってやるの？
- [ ] どうやるのか教えて。

CHAPTER 3. 仕事で使う英語 | 何か教えてほしいとき

CHAPTER 3
English at work

Asking for information

1. ☑ What's that?

2. ☑ What's it called?

3. ☑ How come?

4. ☑ Why not?

5. ☑ How do you know?

6. ☑ How do you do it?

7. ☑ Can you show me how?

CHAPTER 3
仕事で使う英語
何かわかったとき

- [ ] **わかった。**
  理解できた、という意味。

- [ ] **なるほど。**

- [ ] **了解。**

- [ ] **わかったと思う。**

- [ ] **なんとなくわかった。**

- [ ] **なるほど、そういうことか。**

- [ ] **ちゃんとわかってるよ。**
  話についていけていることを主張するときに。

CHAPTER 3. 仕事で使う英語 | 何かわかったとき

CHAPTER 3
English at work

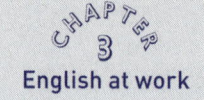

When you've learned something

1. ☑ I get it.

2. ☑ I see.

3. ☑ Okey-dokey.

4. ☑ I think I understand.

5. ☑ I kind of understand.

6. ☑ That's why.

7. ☑ I'm following you.

CHAPTER 3
仕事で使う英語

念を押したいとき

- [ ] **わかった？**
  相手に確認するカジュアルフレーズ。

- [ ] **私の気持ちがわかった？**

- [ ] **でしょう？**

- [ ] **わかったね？**
  念を押すニュアンス。

- [ ] **違いがわかった？**

- [ ] **言った通りでしょう？**

- [ ] **今言ったこと、わかった？**

CHAPTER 3. 仕事で使う英語 | 念を押したいとき

CHAPTER 3
English at work

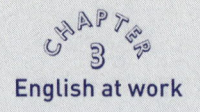

Reminding

1. ☑ Savvy?

2. ☑ Do you see?

3. ☑ Know what I mean?

4. ☑ (You) Got it?

5. ☑ You see the difference?

6. ☑ You see?

7. ☑ Did you get me?

CHAPTER 3
仕事で使う英語

自信がないとき

☑ どうしてかわからないけど…。 1

☑ よくわからない。 2

☑ 理解できない。 3

☑ さあ、どうだろう？ 4

☑ さっぱりわからない。 5

☑ どう言ったらいいかわからない。 6

☑ 誰が誰だかわからない。 7

CHAPTER 3. 仕事で使う英語 | 自信がないとき

CHAPTER 3
English at work

When lacking confidence

1. ☑ I don't know why.

2. ☑ I'm not sure.

3. ☑ I don't get it.

4. ☑ Who knows?

5. ☑ Beats me.

6. ☑ I don't know how to say it.

7. ☑ I don't know who's who.

CHAPTER 3
仕事で使う英語
確認したいとき

- [ ] これはどう？
- [ ] こんな感じ？
- [ ] そうなの？
- [ ] 誰がやる？
- [ ] どうなってるの？
- [ ] どこが違うの？
- [ ] 何があったの？

CHAPTER 3. 仕事で使う英語 | 確認したいとき

CHAPTER 3
English at work

Confirming

1. ☑ How about this?

2. ☑ Like this?

3. ☑ Is that so?

4. ☑ Who's in?

5. ☑ What gives?

6. ☑ What's the difference?

7. ☑ What happened?

CHAPTER 3
仕事で使う英語

確認したいとき

☑ 何が言いたいの？ ▶1

☑ 何のために？ ▶2

☑ 事態は飲み込めた？ ▶3

☑ 準備できた？ ▶4

☑ 準備万端。 ▶5

☑ 本当？ ▶6

☑ 本当だよ。 ▶7

CHAPTER 3. 仕事で使う英語 | 確認したいとき

CHAPTER 3
English at work
Confirming

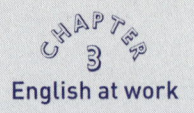

1. ☑ What's your point?

2. ☑ What for?

3. ☑ Get the picture?

4. ☑ Ready to go?

5. ☑ Everything's ready.

6. ☑ Are you serious?

7. ☑ I'm serious.

CHAPTER 3 仕事で使う英語

可能性を言いたいとき

- ☑ そうかもしれないし、違うかもしれない。 1

- ☑ どちらとも言えない。 2

- ☑ めったにないよ。 3

- ☑ 話によりけりだよ。 4

- ☑ 場合による(ケースバイケース)。 5

- ☑ 半々だね。 6

- ☑ 5分5分。 7

CHAPTER 3. 仕事で使う英語 | 可能性を言いたいとき

CHAPTER 3
English at work
Expressing possibility

1. ☑ Maybe yes, maybe no.

2. ☑ Yes and no.

3. ☑ Almost never.

4. ☑ That depends.

5. ☑ It depends.

6. ☑ Half and half.

7. ☑ Fifty-fifty.

CHAPTER 3
仕事で使う英語

可能性を言いたいとき

- [x] 絶対そうだよ。

- [x] 絶対本当。

- [x] そうだといいね。

- [x] たぶん無理でしょう。

- [x] あまり期待しないけど。

- [x] (可能性が高い)たぶんね。

- [x] 絶対そうだよ。

CHAPTER 3. 仕事で使う英語 | 可能性を言いたいとき

CHAPTER 3
English at work

Expressing possibility

1. ☑ I swear.

2. ☑ On my honor.

3. ☑ I hope so.

4. ☑ It's not likely.

5. ☑ I'm not holding my breath.

6. ☑ Probably.

7. ☑ You can count on it.

CHAPTER 3
仕事で使う英語

一言伝えるとき

- ☑ あなた、最近忘れっぽいですね。 ▶1

- ☑ カバンのふたが開いてますよ。 ▶2

- ☑ ボタンかけ間違ってますよ。 ▶3

- ☑ 何か落としましたよ！ ▶4

- ☑ 荷物をお忘れですよ。 ▶5

- ☑ デスクが散らかっているよ。 ▶6

- ☑ 同じこと言ってますけど。 ▶7

CHAPTER 3. 仕事で使う英語 | 一言伝えるとき

CHAPTER 3
English at work

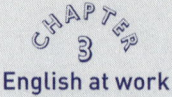

Say something

1. ☑ You're getting forgetful.

2. ☑ Your bag's open.

3. ☑ Your shirt's buttoned wrong.

4. ☑ You dropped something!

5. ☑ You forgot something.

6. ☑ Your desk is a mess.

7. ☑ You already said that.

CHAPTER 3 仕事で使う英語

何かを認めるとき

☑ いいよ、わかった。

☑ いいよ、問題ない。

☑ どうぞ進めて。

☑ いいよ。

☑ (thinkより弱い) そうだと思うよ。

☑ 気持ちはわかる。

☑ そうだね。

CHAPTER 3. 仕事で使う英語 | 何かを認めるとき

CHAPTER 3
English at work

Acknowledging

1. ☑ All right.

2. ☑ No problem.

3. ☑ Go ahead.

4. ☑ You bet.

5. ☑ I guess so.

6. ☑ I know what you mean.

7. ☑ You're right.

CHAPTER 3 仕事で使う英語
何かを認めるとき

☑ そうだね。

☑ そりゃあいいや。

☑ それはそうだろう。

☑ 確かに。

☑ もちろん。

☑ (sureより強い) もちろん。

☑ (of courseより強い) もちろん。

CHAPTER 3. 仕事で使う英語 | 何かを認めるとき

CHAPTER 3
English at work

Acknowledging

1. ☑ I guess.

2. ☑ Sounds good.

3. ☑ Makes sense.

4. ☑ Certainly.

5. ☑ Sure.

6. ☑ Of course.

7. ☑ You bet.

CHAPTER 3
仕事で使う英語

何かを評価するとき

☑ **頭**がいいね。

☑ **いまいち**だな。

☑ **君らしい**ね！

☑ **完璧**だ。

☑ **これでいい**よ。

☑ **やっぱり**ね。
そうなるとわかっていた、の意味。

☑ **よかったね、君**。

CHAPTER 3. 仕事で使う英語 | 何かを評価するとき

CHAPTER 3
English at work

Evaluating

1. ☑ You sure are smart.

2. ☑ A little bit more.

3. ☑ It's just like you!

4. ☑ It's perfect.

5. ☑ This will do.

6. ☑ I knew it.

7. ☑ Good for you.

CHAPTER 3 仕事で使う英語
何かを評価するとき

- [ ] よくあることだな。

- [ ] よくやった！

- [ ] 上手だね。

- [ ] 悪くないな。

- [ ] 見直したよ。

- [ ] 早いね。

- [ ] 何でもできるんだね。

CHAPTER 3. 仕事で使う英語 | 何かを評価するとき

CHAPTER 3
English at work

Evaluating

1. ☑ That happens.

2. ☑ Well done!

3. ☑ Nice job.

4. ☑ Not bad.

5. ☑ You surprise me.

6. ☑ You're really quick.

7. ☑ You're an all-rounder!

CHAPTER 3 仕事で使う英語

疲れてしまったとき

- [ ] 疲れた。

- [ ] くたくただ。

- [ ] 目が疲れた。

- [ ] 頭が痛い。

- [ ] ふらふらする。

- [ ] (徹夜で)意識がもうろうとしてます。

- [ ] 過労死するよ、働き過ぎないで！

CHAPTER 3 English at work

Being tired

1. ☑ I'm pooped.

2. ☑ I'm dead tired.

3. ☑ My eyes are tired.

4. ☑ I have a headache.

5. ☑ I feel faint.

6. ☑ I'm half dead.

7. ☑ Don't work yourself to death!

CHAPTER 3 仕事で使う英語

予定を聞きたいとき

- [x] いつまで？ 1
- [x] いつ都合がいい？ 2
- [x] それ、いつするの？ 3
- [x] 何時にそちらに行けばいい？ 4
- [x] 何時に行く？ 5
- [x] 何時に来られる？ 6
- [x] 何時頃？ 7

CHAPTER 3. 仕事で使う英語 | 予定を聞きたいとき

CHAPTER 3
English at work

Asking about the schedule

1. ☑ Until when?

2. ☑ When can you make it?

3. ☑ When can you do it?

4. ☑ What time do you want me there?

5. ☑ What time do we leave?

6. ☑ When can you get here?

7. ☑ About what time?

CHAPTER 3
仕事で使う英語

納得したとき

☑ ありえるね。　1

☑ まったくだ。　2

☑ 君の言う通り。　3

☑ 本当に。　4

☑ そうだろうね。　5

☑ もっともだ。　6

☑ ごもっとも。　7

CHAPTER 3. 仕事で使う英語 | 納得したとき

CHAPTER 3
English at work

Being persuaded

1. ☑ Could be.

2. ☑ I'll say.

3. ☑ You said it.

4. ☑ Indeed.

5. ☑ I bet.

6. ☑ Makes sense.

7. ☑ You're so right.

CHAPTER 3
仕事で使う英語

賛成するとき

- [ ] こっちも同じだよ。
- [ ] たぶんね。
- [ ] そうだよね。
- [ ] 大賛成。
- [ ] 私も同じ。
- [ ] 同感。
- [ ] あなたの言う通り。

CHAPTER 3. 仕事で使う英語 | 賛成するとき

CHAPTER 3
English at work

Agreeing

1. ☑ Same here.

2. ☑ Possibly.

3. ☑ No doubt.

4. ☑ I'm all for that.

5. ☑ Me too.

6. ☑ I'm with you.

7. ☑ You got that right.

CHAPTER 3 仕事で使う英語
反対するとき

- ☑ (残念ながら) 違うと思います。 1

- ☑ ぜんぜん違う。 2

- ☑ そうじゃないでしょう。 3

- ☑ そう思わないけど。 4

- ☑ 賛成できない。 5

- ☑ 絶対違う！ 6

- ☑ 絶対無理だよ。 7

CHAPTER 3. 仕事で使う英語 | 反対するとき

CHAPTER 3
English at work

When you disagree

1. ☑ I'm afraid not.

2. ☑ You're so wrong.

3. ☑ I doubt it.

4. ☑ I don't think so.

5. ☑ I can't agree.

6. ☑ Absolutely not!

7. ☑ That's absolutely impossible.

CHAPTER 3
仕事で使う英語

弁解したいとき

- [ ] 私のせいにしないで。

- [ ] 何で私が？

- [ ] 私のせいじゃない。

- [ ] わざとやったんじゃない。

- [ ] 私はやってません！

- [ ] 私じゃないよ。

- [ ] 私は無罪だ。

CHAPTER 3. 仕事で使う英語 | 弁解したいとき

CHAPTER 3
English at work

Apologizing

1. ☑ I didn't say that.

2. ☑ Why me?

3. ☑ It's not my fault.

4. ☑ I didn't mean to.

5. ☑ I didn't do it!

6. ☑ Don't look at me.

7. ☑ I'm innocent.

CHAPTER 3
仕事で使う英語

任せてほしいとき

- [x] そうだ、いい案がある。

- [x] なんとかやってみせます。

- [x] 私に任せて。

- [x] 私もやります。

- [x] チャンスをください！

- [x] やらせて！

- [x] 大丈夫、私ができます。

CHAPTER 3. 仕事で使う英語 | 任せてほしいとき

CHAPTER 3
English at work

Saying you can do it

1. ☑ I have an idea.

2. ☑ I can manage.

3. ☑ You can trust me.

4. ☑ I'm in.

5. ☑ Give me a chance!

6. ☑ Let me try!

7. ☑ Don't worry. I can do it

CHAPTER 3 仕事で使う英語
提案したいとき

- [ ] じゃ、こうしよう。
- [ ] やってみよう!
- [ ] (店などに) 入ってみよう。
- [ ] やろう。
- [ ] 見てごらん。
- [ ] またやろう。
- [ ] 考え直そう。

CHAPTER 3
English at work

Making suggestions

1. ☑ I'll tell you what.

2. ☑ Let's give it a try!

3. ☑ Let's check it out.

4. ☑ Let's do it.

5. ☑ Look what I've got.

6. ☑ Let's do it again.

7. ☑ Let's think twice.

CHAPTER 4

余暇を楽しむときの英語

English for leisure

ランチや会食、飲み会など、お昼休みやアフターファイブ、休日など、余暇を楽しむときに使えるフレーズをまとめました。

English for leisure

INDEX

- レストラン・カフェで
- 飲み会で
- クレームを言いたいとき

CHAPTER 4
余暇を楽しむときの英語

レストラン・カフェで

☑ バイキングに行こう！　　　1

☑ シェアしよう！　　　2

☑ ひと口ちょうだい！　　　3

☑ お勧め料理は？　　　4

☑ この料理頼んでませんよ。　　　5

☑ これと、これと、あれください。　　　6

☑ デザートのスペースをとっておこう。　　　7

CHAPTER 4。余暇を楽しむときの英語 | レストラン・カフェで

CHAPTER 4
English for leisure

In restaurants and cafes

1. ☑ Let's go to an all-you-can eat place!

2. ☑ Let's share!

3. ☑ One bite!

4. ☑ What do you recommend?

5. ☑ I didn't order this.

6. ☑ I'll take this, this and that.

7. ☑ I want to save room for dessert.

あなただけに
スペシャルプレゼント！

ネイティブに話しかけられても、もう困らない！
アウトプット力を鍛える特製BOOK

David A Thayne Presents.
BONUS EDITION

とっさの英会話

デイビッド・セイン 著

とっさに言いたい厳選**32**フレーズが収録！
しかもネイティブに話しかけられたシーンを
シミュレーションできるしかけで
ドキドキ、レッスン！楽しみながら
英語力がアップします！

ただいま無料公開中！

ダウンロードはこちら↘
http://www.ascom-inc.jp/eikaiwa/

英語の勉強をしているのに、
いざネイティブに話しかけられると、
とっさに英語がでてこない……。

ネイティブに声をかけられただけで
縮こまって何も話せなくなる……。

そこで考えたのが、
このとっさの英会話!
スペシャルフレーズ集!!

**ネイティブに話しかけられたドキドキ感から
シミュレーションして英会話をレッスン!
実践的な英語が身につく!**

折って挟めば
A5版の
本になる!

シチュエーションを
シミュレーション

お返事
フレーズの答え

ただいま無料公開中!

ダウンロードはこちら
http://www.ascom-inc.jp/eikaiwa/

CHAPTER 4
余暇を楽しむときの英語
飲み会で

- ☑ さあ今日はぱ～っといきましょう。 ▶1

- ☑ とりあえず、ビールください。 ▶2

- ☑ ビールお代わりちょうだい。 ▶3

- ☑ もうひとつ。 ▶4

- ☑ もう本当に飲めません！ ▶5

- ☑ もっと食べる？ ▶6

- ☑ （飲み過ぎだ）気持ち悪い。 ▶7

CHAPTER 4. 余暇を楽しむときの英語 | 飲み会で

CHAPTER 4
English for leisure

At drinking parties

1. ☑ Let's drink it up!

2. ☑ Let's start with beer.

3. ☑ More beer.

4. ☑ One more.

5. ☑ I'm finished!

6. ☑ Anything else?

7. ☑ I'm going to puke.

CHAPTER 4
余暇を楽しむときの英語
飲み会で

- ☑ 飲み過ぎですよ。　　　　　　　　　1

- ☑ 飲み過ぎないようにね。　　　　　　2

- ☑ そろそろやめておいたら。　　　　　3

- ☑ お会計お願いします。　　　　　　　4

- ☑ おごるよ。　　　　　　　　　　　　5

- ☑ 割り勘にしよう！　　　　　　　　　6

- ☑ 今日は自分が払うよ。　　　　　　　7

CHAPTER 4
English for leisure
At drinking parties

1. ☑ You've hit your limit.

2. ☑ Don't overdo it.

3. ☑ You'd better take it easy.

4. ☑ Check, please.

5. ☑ My treat.

6. ☑ Let's go Dutch!

7. ☑ I'll get it.

CHAPTER 4
余暇を楽しむときの英語

クレームを言いたいとき

- ☑ （行列に）割り込まないでください！　1
- ☑ ここ私の席なんですが。　2
- ☑ ゴミのポイ捨てはダメですよ。　3
- ☑ すみません、土足厳禁なんです。　4
- ☑ そこ、ペンキ塗りたてですよ。　5
- ☑ タバコは路上では吸わないで。　6
- ☑ ちょっと道を空けてくれませんか？　7

Making a complaint

English for leisure — CHAPTER 4

1. ☑ No butting in line!

2. ☑ I think this is my seat.

3. ☑ No littering.

4. ☑ Sorry, no shoes allowed.

5. ☑ That's fresh paint.

6. ☑ No smoking on the street.

7. ☑ Coming through.

CHAPTER 5
海外旅行で使う英語
English for traveling abroad

旅行の計画から現地での観光、交通、ホテルやツアー参加時など、海外旅行でよくある場面ごとに使いたいフレーズをまとめました。

English for traveling abroad

....

INDEX

- ●旅行の計画中に
- ●旅行中に
- ●電車で
- ●ドライブで
- ●ホテルで
- ●ショッピングで
- ●街を歩くとき
- ●ツアーに参加したとき

CHAPTER 5
海外旅行で使う英語
旅行の計画中に

☑ 日帰り旅行に行こう。　　　1

☑ 温泉に1泊しよう。　　　2

☑ 3泊5日でロンドンに行こう。　　　3

☑ 車内泊は避けたい。　　　4

☑ ツアーに申し込もう。　　　5

☑ 添乗員付きがいい。　　　6

☑ 個人旅行で行きたい。　　　7

CHAPTER 5. 海外旅行で使う英語 | 旅行の計画中に

CHAPTER 5
English for traveling abroad

Planning a trip

1. ☑ Let's go on a day trip.

2. ☑ Let's go on an overnight hot-springs trip.

3. ☑ Let's go on a five-day, three-night trip to London.

4. ☑ I don't want to sleep in the car.

5. ☑ Let's sign up for a tour.

6. ☑ I want a tour with a guide.

7. ☑ I want to travel on my own.

CHAPTER 5
海外旅行で使う英語
旅行中に

- [x] 夜行バスにしよう。
- [x] 寝台特急を使おう。
- [x] 駅弁買ってきて。
- [x] ロッカーないかな?
- [x] お土産を買わなくちゃ。
- [x] ここの名産品は何ですか?
- [x] これ、日持ちはしますか?

CHAPTER 5. 海外旅行で使う英語 | 旅行中に

CHAPTER 5

English for traveling abroad

Traveling

1. ☑ Let's take a night bus.

2. ☑ Let's take an overnight express.

3. ☑ Go get some station lunch boxes.

4. ☑ I wonder if there are lockers.

5. ☑ I need to get some gifts.

6. ☑ What food is this area famous for?

7. ☑ Will this last for a while?

CHAPTER 5
海外旅行で使う英語
電車で

- ○○行は何番ホームですか？
- キオスクはありませんか？
- その駅に急行は止まりますか？
- 各停しか止まりません。
- 往復チケットをください。
- 特急券をください。
- 片道チケットをください。

CHAPTER 5. 海外旅行で使う英語 | 電車で

CHAPTER 5
English for traveling abroad

Riding trains

1. ☑ I'm going to ○○.
   What platform is that?

2. ☑ Is there a kiosk?

3. ☑ Does the express train stop there?

4. ☑ Only slow trains stop at this station.

5. ☑ I'd like a round-trip ticket.

6. ☑ I'd like a limited express ticket.

7. ☑ I'd like a one-way ticket.

CHAPTER 5
海外旅行で使う英語
電車で

☑ （改札を）出られません。

☑ 乗り換えには
　どのくらいかかりますか？

☑ 切符をなくしてしまいました。

☑ 切符を間違えて買ってしまいました。

☑ 駆け込み乗車はおやめください。

☑ 降りま〜す！
混み合った電車で。

☑ 乗りま〜す！
駆け込み乗車。

CHAPTER 5. 海外旅行で使う英語 | 電車で

English for traveling abroad
Riding trains

1. ☑ I can't leave.

2. ☑ How long is the transfer?

3. ☑ I lost my ticket.

4. ☑ I bought the wrong ticket.

5. ☑ Don't run to get on the train.

6. ☑ I'm getting off!

7. ☑ I'm getting on!

CHAPTER 5
海外旅行で使う英語
ドライブで

☑ 脇見運転はしないで。 ▷1

☑ ガソリンが切れそうですよ。 ▷2

☑ 駐車場はどこですか？ ▷3

☑ ここ駐車禁止みたいですね。 ▷4

☑ 着いたよ。 ▷5

☑ 安全第一にね。 ▷6

☑ 免許証の期限が切れてますよ。 ▷7

CHAPTER 5. 海外旅行で使う英語 | ドライブで

English for traveling abroad

Driving

1. ☑ Keep your eyes on the road.
2. ☑ We're running out of gas.
3. ☑ Where's the parking lot?
4. ☑ It's no parking.
5. ☑ Here we are.
6. ☑ Safety first.
7. ☑ Your driver's license is expired.

CHAPTER 5 海外旅行で使う英語
ドライブで

1. ☑ 免許証忘れてしまったんです。

2. ☑ 信号は赤ですよ。

3. ☑ レギュラー、満タンにしてください。
   ガソリンスタンドで。

4. ☑ ドライブインに寄らない？

5. ☑ パンクしたかも。

6. ☑ ちょっと事故った。

7. ☑ スピード違反のチケットを切られた。

CHAPTER 5. 海外旅行で使う英語 | ドライブで

English for traveling abroad
Driving

1. ☑ I forgot my driver's license.

2. ☑ It's red.

3. ☑ Fill it up, regular.

4. ☑ How about going to a drive-in?

5. ☑ I think we have a flat.

6. ☑ I got in a fender-bender.

7. ☑ I got a ticket for speeding.

CHAPTER 5
海外旅行で使う英語
ホテルで

- ☑ チェックインお願いします。　1

- ☑ 荷物を預かってもらえますか？　2

- ☑ 朝食は8時にお願いします。　3

- ☑ チェックアウトをお願いします。　4

- ☑ 朝食付きでお願いします。　5

- ☑ 両替できませんか？　6

- ☑ 貴重品を預かってもらえますか？　7

CHAPTER 5. 海外旅行で使う英語 | ホテルで

English for traveling abroad
At the hotel

1. ☑ I'd like to check in.

2. ☑ Could you hold my bags for me?

3. ☑ We'd like breakfast at 8:00.

4. ☑ I'd like to check out now.

5. ☑ With breakfast, please.

6. ☑ Can you exchange money here?

7. ☑ Could you hold my valuables?

CHAPTER 5
海外旅行で使う英語
ホテルで

- [ ] この部屋たばこ臭いんですが。　1

- [ ] エアコンを弱めてくださいませんか？　2

- [ ] お湯が出ないのですが…。　3

- [ ] 雨漏りしてます。　4

- [ ] 加湿器を貸してくださいませんか？　5

- [ ] 今、空いている部屋はありますか？　6

- [ ] ルームサービスをお願いします。　7

CHAPTER 5. 海外旅行で使う英語 | ホテルで

CHAPTER 5
English for traveling abroad

At the hotel

1. ☑ This room smells like cigarettes.

2. ☑ Could you turn down the air conditioner?

3. ☑ The hot water doesn't work.

4. ☑ The ceiling's leaking.

5. ☑ Could I borrow a humidifier?

6. ☑ Do you have any vacancies?

7. ☑ Room service, please.

CHAPTER 5
海外旅行で使う英語
ホテルで

- [ ] 蛇口の水がとまってません。

- [ ] 電気が暗いですよ。

- [ ] 部屋が寒い。

- [ ] 部屋が蒸し蒸しする。

- [ ] 部屋を掃除してくれませんか？

- [ ] 隣の部屋がうるさいのですが。

- [ ] 部屋に鍵を置いたまま ドアを閉めてしまいました。

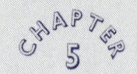

English for traveling abroad
At the hotel

1. ☑ The faucet is leaking.

2. ☑ It's dark in here.

3. ☑ I'm freezing.

4. ☑ It sure is humid.

5. ☑ Could you clean up my room?

6. ☑ The room next door is really noisy.

7. ☑ I locked myself out.

CHAPTER 5
海外旅行で使う英語

ショッピングで

- [ ] **靴売り場はどちらですか？**

- [ ] **上に行きますか？**
  エレベーターで。

- [ ] **3階をお願いします。**
  エレベーターで。

- [ ] **カードで支払いができますか？**

- [ ] **見てるだけです。**
  ウインドーショッピングで。

- [ ] **試着していいですか？**

- [ ] **他のサイズはありますか？**

CHAPTER 5
English for traveling abroad

Shopping

1. ☑ Where's the shoe department?

2. ☑ Going up?

3. ☑ Third floor, please.

4. ☑ Do you take cards?

5. ☑ Just looking.

6. ☑ Can I try this on?

7. ☑ Do you have this in another size?

CHAPTER 5
海外旅行で使う英語

ショッピングで

- [ ] イメージと違いました。 ▶1

- [ ] これにします。 ▶2

- [ ] この靴、ちょっとキツすぎます。 ▶3

- [ ] パンツのすその丈を詰めてください。 ▶4

- [ ] プレゼント用にしてください。 ▶5

- [ ] 返品したいんですが。 ▶6

- [ ] 領収書ください。 ▶7

CHAPTER 5. 海外旅行で使う英語 | ショッピングで

English for traveling abroad

Shopping

1. ☑ It's not what I was looking for.

2. ☑ I'll take this.

3. ☑ These shoes are a little too tight.

4. ☑ Could you shorten the pant legs?

5. ☑ Could you giftwrap it?

6. ☑ I'd like to return this.

7. ☑ I need a receipt.

CHAPTER 5 海外旅行で使う英語
街を歩くとき

- ☑ 3つ目の信号を渡ってください。

- ☑ 案内所はどこですか？

- ☑ 角を左に曲がってください。

- ☑ この道なりに歩いていけば着きます。

- ☑ どこだかわからないよ。

- ☑ どこへ行けばいいかわからない。

- ☑ 突きあたりまでまっすぐ行ってください。

CHAPTER 5. 海外旅行で使う英語 | 街を歩くとき

CHAPTER 5
English for traveling abroad
Walking through town

1. ☑ Go straight past three stoplights.

2. ☑ Where's the information desk?

3. ☑ Turn left at the corner.

4. ☑ Walk down this street and you'll get there.

5. ☑ I don't know where.

6. ☑ I don't know where to go.

7. ☑ Go straight as far as you can.

CHAPTER 5 海外旅行で使う英語
ツアーに参加したとき

- [ ] ここにいて。
- [ ] こっちだよ。
- [ ] こっちに来て。
- [ ] ちょっと待って。
- [ ] ちょっと見て。
- [ ] ついて来て。
- [ ] どこまで行くの？

CHAPTER 5. 海外旅行で使う英語 | ツアーに参加したとき

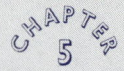

CHAPTER 5
English for traveling abroad

Joining a tour

1. ☑ Stay put.

2. ☑ Over here.

3. ☑ Come over here.

4. ☑ Wait a minute.

5. ☑ Take a look.

6. ☑ Follow me.

7. ☑ Where to?

CHAPTER 5
海外旅行で使う英語
ツアーに参加したとき

- [ ] 待ってよ！

- [ ] 一緒にいよう。

- [ ] 先に行ってて。

- [ ] 早く。

- [ ] 早く行こう。

- [ ] 帰らなくちゃ。

- [ ] 帰る時間だ。

CHAPTER 5. 海外旅行で使う英語 | ツアーに参加したとき

CHAPTER 5

English for traveling abroad

Joining a tour

1. ☑ Wait up!

2. ☑ Let's stick together.

3. ☑ Don't wait for me.

4. ☑ Let's move.

5. ☑ Let's get going.

6. ☑ I have to go.

7. ☑ It's time to go.

CHAPTER 6
トラブルで使う英語
English for bad situations

事件や事故、災害に巻き込まれたときに、とっさに使いたい大切なフレーズ、また、助けを呼ぶときに使えるフレーズ、そして、病院などで役立つ、自分の健康状態をちゃんと伝えるフレーズをまとめました。

English for bad situations

....

INDEX

- 災害に遭遇したとき
- 事件・事故にあったとき
- 体調が悪いとき

CHAPTER 6 トラブルで使う英語
災害に遭遇したとき

- [ ] 地震です!

- [ ] 震度3の地震があった。

- [ ] 火事です!

- [ ] 停電です。

- [ ] 避難しよう!

- [ ] これは避難訓練です。

- [ ] 懐中電灯はどこ?

CHAPTER 6. トラブルで使う英語 | 災害に遭遇したとき

CHAPTER 6
English for bad situations
Disasters

1. ☑ It's an earthquake!

2. ☑ There was a level 3 earthquake.

3. ☑ Fire!

4. ☑ It's a blackout.

5. ☑ Let's get out of here!

6. ☑ This is a drill.

7. ☑ Where's the flashlight?

CHAPTER 6
トラブルで使う英語

事件・事故にあったとき

- [ ] これ、落し物です。
  交番で。

- [ ] 携帯電話貸してもらえませんか？

- [ ] ドロボー！

- [ ] 誰かー！

- [ ] 助けて！

- [ ] 救急車を呼んで！

- [ ] 大丈夫ですか？

CHAPTER 6. トラブルで使う英語 | 事件・事故にあったとき

CHAPTER 6
English for bad situations

Crimes and accidents

1. ☑ I found this.

2. ☑ Could I borrow your mobile?

3. ☑ Thief!

4. ☑ Somebody, stop him!

5. ☑ Help!

6. ☑ Call an ambulance!

7. ☑ Are you all right?

CHAPTER 6
トラブルで使う英語

事件・事故にあったとき

- ☑ 痢漢です！
- ☑ 交通事故です。
- ☑ 万引きです！
- ☑ 動くな！
- ☑ 彼がやったんだ！
- ☑ 私は被害者だ！
- ☑ 警察が向かっています。

CHAPTER 6. トラブルで使う英語 | 事件・事故にあったとき

English for bad situations
Crimes and accidents

1. ☑ He's groping me!

2. ☑ There's an accident.

3. ☑ There's a shoplifter over there!

4. ☑ Freeze!

5. ☑ He did it!

6. ☑ I'm the victim!

7. ☑ The police are on their way.

CHAPTER 6
トラブルで使う英語
体調が悪いとき

- [ ] コンタクトを落としてしまいました。

- [ ] お腹が痛くなりますよ。

- [ ] お腹が痛いんです。

- [ ] 気持ち悪い。

- [ ] くしゃみが出た。

- [ ] その薬、効きません。

- [ ] だるい。

CHAPTER 6. トラブルで使う英語 | 体調が悪いとき

CHAPTER 6
English for bad situations

Feeling sick

1. ☑ I dropped my contact lens.

2. ☑ You'll get a tummy ache.

3. ☑ My stomach hurts.

4. ☑ I don't feel so well.

5. ☑ I sneezed.

6. ☑ This medicine doesn't work.

7. ☑ I feel sluggish.

CHAPTER 6
トラブルで使う英語

体調が悪いとき

☑ ちょっと風邪気味。

☑ めまいがする。

☑ 寒気がする。

☑ 顔が青い。

☑ 気分がよくなった。

☑ 具合はいかがですか？

☑ 高熱がある。

CHAPTER 6. トラブルで使う英語 | 体調が悪いとき

CHAPTER 6
English for bad situations

Feeling sick

1. ☑ I have a bit of a cold.

2. ☑ I feel dizzy.

3. ☑ I feel chilly.

4. ☑ He's pale.

5. ☑ I feel much better.

6. ☑ How are you feeling?

7. ☑ I have a high fever.

CHAPTER 6
トラブルで使う英語

体調が悪いとき

- 乗り物酔いした…。 1
- 体中に汗をかいた。 2
- 虫歯が痛い。 3
- 吐き気がする。 4
- 二日酔いだ。 5
- 熱がある。 6
- 鼻風邪ひいた。 7

CHAPTER 6. トラブルで使う英語 | 体調が悪いとき

CHAPTER 6
English for bad situations

Feeling sick

1. ☑ I'm sick.

2. ☑ I was sweating all over.

3. ☑ My tooth hurts.

4. ☑ I feel like I'm going to throw up.

5. ☑ I have a hangover.

6. ☑ I've got a fever.

7. ☑ I've got the sniffles.

CHAPTER 6
トラブルで使う英語

体調が悪いとき

☑ 風邪うつさないでよ！ ▶1

☑ 風邪が治った。 ▶2

☑ 風邪に効く薬ありますか？ ▶3

☑ 風邪ひいた。 ▶4

☑ 花粉症です。 ▶5

☑ 生理中です。 ▶6

☑ 足首を捻挫しました。 ▶7

CHAPTER 6. トラブルで使う英語 | 体調が悪いとき

CHAPTER 6
English for bad situations
Feeling sick

1. ☑ Don't give me your cold!

2. ☑ I'm over my cold.

3. ☑ Do you have anything for a cold?

4. ☑ I caught a cold.

5. ☑ I have hay fever.

6. ☑ It's that time of the month.

7. ☑ I sprained my ankle.

CHAPTER 7

便利な英語
Convenient English

あいづちを打ったり、聞き返したり、ときには会話につなぎが必要だったり…場面や状況に合わせた、会話中で手軽に使えるフレーズをまとめました。

Convenient English

··

INDEX

- ●相づちを打ちたいとき
- ●ちょっと確認したいとき
- ●正解！と言いたいとき
- ●いろいろ質問したいとき
- ●聞き返したいとき
- ●つなぎ言葉
- ●秘密を打ち明けたいとき
- ●いいね！と言いたいとき

CHAPTER 7 便利な英語
相づちを打ちたいとき

- [ ] そうでしょう？ 1
- [ ] それから（その続きは）？ 2
- [ ] それから（どうしたの）？ 3
- [ ] それで？だから？ 4
- [ ] やっぱり思った通り。 5
- [ ] やっぱり予想通り。 6
- [ ] そうだと思った。 7

CHAPTER 7. 便利な英語 | 相づちを打ちたいとき

CHAPTER 7
Convenient English

Giving feedback

1. ☑ Don't you think?

2. ☑ Then?

3. ☑ And?

4. ☑ So?

5. ☑ Just as I thought.

6. ☑ As I expected.

7. ☑ That figures.

CHAPTER 7
便利な英語

ちょっと確認したいとき

- ☑ ねっ？そうでしょ？
- ☑ ほんとに（それは確か）？
- ☑ ほんとに（本気で言ってるの）？
- ☑ やってみる？
- ☑ やらなきゃだめ？
- ☑ ダブルチェックするね。
- ☑ ダブルチェックしたい。

CHAPTER 7. 便利な英語 | ちょっと確認したいとき

CHAPTER 7
Convenient English
Verifying

1. ☑ You see?

---

2. ☑ Are you sure?

---

3. ☑ Are you serious?

---

4. ☑ Do you wanna try?

---

5. ☑ Do I have to?

---

6. ☑ Let me double check.

---

7. ☑ I want to be double sure.

CHAPTER 7 便利な英語
正解！と言いたいとき

- ☑ その通り！
- ☑ 正解！
- ☑ いい勘してるね！
- ☑ ぴったり！
- ☑ そうです！
- ☑ それそれ！
- ☑ 異議なし！

CHAPTER 7. 便利な英語 | 正解！と言いたいとき

CHAPTER 7
Convenient English

Confirming

1. ☑ Exactly!

2. ☑ That's correct!

3. ☑ Good guess!

4. ☑ Bingo!

5. ☑ That's right!

6. ☑ That's it!

7. ☑ Right on!

CHAPTER 7
便利な英語

いろいろ質問したいとき

☑ どうなってるの？

☑ どうしたの？

☑ 何があったの？

☑ どうだった？

☑ どこにいたの？

☑ どのくらい時間がかかるの？

☑ 何？

CHAPTER 7. 便利な英語 | いろいろ質問したいとき

CHAPTER 7
Convenient English

Asking questions

1. ☑ What's going on?

2. ☑ What's the matter?

3. ☑ What happened?

4. ☑ How's that?

5. ☑ Where have you been?

6. ☑ How long does it take?

7. ☑ How's that?

CHAPTER 7 便利な英語
聞き返したいとき

- [ ] えっ？何？
- [ ] そう言ったよね？
- [ ] それどういう意味？
- [ ] 何て言いました？
- [ ] もう一度言って。
- [ ] もっとゆっくり言ってくれませんか？
- [ ] もっと大きい声で言って。

CHAPTER 7. 便利な英語 | 聞き返したいとき

CHAPTER 7
Convenient English

Returning a question

1. ☑ What?

2. ☑ You said that, didn't you?

3. ☑ What does that mean?

4. ☑ Sorry?

5. ☑ Say it again, please.

6. ☑ Could you speak more slowly?

7. ☑ Speak up.

CHAPTER 7
便利な英語
つなぎ言葉

- 君はどう？
- さあ、どうでしょう。
- そうでもないけど。
- そうでもないよ。
- それはどうかな。
- そんな感じ。
- まあ、そんなものだ。

CHAPTER 7. 便利な英語 | つなぎ言葉

CHAPTER 7
Convenient English

Connecting words

1. ☑ What about you?

2. ☑ Well, I don't know.

3. ☑ Not exactly.

4. ☑ Not really.

5. ☑ I wonder.

6. ☑ That's about it.

7. ☑ Sort of.

CHAPTER 7
便利な英語
つなぎ言葉

☑ ついに…。

☑ ところで…。

☑ とにかく…。

☑ あのね…。

☑ まあそんなところだ。

☑ まあね。

☑ 実は…。

CHAPTER 7. 便利な英語 | つなぎ言葉

CHAPTER 7
Convenient English

Connecting words

1. ☑ Finally!

2. ☑ By the way, ...

3. ☑ Anyway, ...

4. ☑ You know, ...

5. ☑ That's about it.

6. ☑ Kind of.

7. ☑ Actually, ...

CHAPTER 7 便利な英語
つなぎ言葉

☑ ぜひ聞きたい。　　　　　　　　　　1

☑ ちょっと聞いてくれる？　　　　　　2

☑ ねえ、知ってる？　　　　　　　　　3

☑ えっと…そうだなぁ…。　　　　　　4

☑ さて／ところで／まあ…。　　　　　5

☑ じゃあ／ええっと…。　　　　　　　6

☑ 何それ？　　　　　　　　　　　　　7

CHAPTER 7. 便利な英語 | つなぎ言葉

CHAPTER 7
Convenient English

Connecting words

1. ☑ I'm all ears.

2. ☑ Guess what?

3. ☑ You know what?

4. ☑ Let's see... .

5. ☑ Now, ...

6. ☑ Well, ...

7. ☑ What's that?

CHAPTER 7 便利な英語
つなぎ言葉

☑ 何か言って。

☑ 何でしょう?

☑ えっ?何て言いました?

☑ 例えば…。

☑ すごいことがあったんだ。

☑ 先に言われちゃいましたが…。

☑ 何だと思う?

CHAPTER 7. 便利な英語 | つなぎ言葉

CHAPTER 7
Convenient English

Connecting words

1. ☑ Say something.

2. ☑ Yes?

3. ☑ Pardon?

4. ☑ For example... .

5. ☑ Guess what happened?

6. ☑ You took the words out of my mouth.

7. ☑ Guess what?

CHAPTER 7 便利な英語

秘密を打ち明けたいとき

- ここだけの話だけど…。
- それは秘密です。
- 誰にも言わないから。
- 秘密がある。
- 秘密にしてね。
- これはオフレコだよ。
- 口は固いんだ。

CHAPTER 7
Convenient English
Secrets

1. ☑ Between you and me... .

2. ☑ It's private.

3. ☑ I can keep a secret.

4. ☑ I've got a secret.

5. ☑ Keep it a secret.

6. ☑ This is off the record.

7. ☑ My lips are sealed.

CHAPTER 7 便利な英語

いいね！と言いたいとき

- ☑ いいね。 ▶1

- ☑ おもしろそう。 ▶2

- ☑ すごい気に入った。 ▶3

- ☑ すてきだね。 ▶4

- ☑ それはすごい！ ▶5

- ☑ ラッキーだね！ ▶6

- ☑ 楽しそう。 ▶7

CHAPTER 7. 便利な英語 | いいね！と言いたいとき

CHAPTER 7
Convenient English

When agreeing

1. ☑ That's neat.

2. ☑ It sounds interesting.

3. ☑ I love it.

4. ☑ It sounds great.

5. ☑ That's something!

6. ☑ Lucky you!

7. ☑ It sounds fun.

CHAPTER 8

気持ちを伝える英語
Expressing your feelings

感謝の気持ちを伝えたり、応援、励ましのメッセージを送ったり、怒ったり、文句を言ったり、ころころ変わる気持ちを伝えるのに、便利なフレーズをまとめました。

Expressing your feelings

INDEX

- 感謝したいとき
- 応援したいとき
- 褒めたいとき
- 励ましたいとき
- 驚いたとき
- 感激したとき
- ほっとしたとき
- お断りしたいとき
- 興味がないとき
- 文句を言いたいとき
- 言い返したいとき
- 怒ったとき
- ピンチのとき
- 謝りたいとき
- がっかりしたとき

CHAPTER 8
気持ちを伝える英語

感謝したいとき

☑ ありがとう。　1

☑ ありがとう。　2
カジュアルな表現。皮肉でも使える。

☑ そりゃありがたい！　3

☑ 本当に本当にありがとう。言葉にならないよ。　4

☑ ひとつ借りができたね。　5

☑ 君は命の恩人だ。　6

☑ そんなにしてもらっちゃって…。　7

CHAPTER 8. 気持ちを伝える英語 | 感謝したいとき

CHAPTER 8
Expressing your feelings
Thanking

1. ☑ Thank you.

2. ☑ Thanks a bunch.

3. ☑ Preciate it.

4. ☑ How can I ever thank you?

5. ☑ I owe you one.

6. ☑ You're a lifesaver.

7. ☑ You didn't have to.

CHAPTER 8
気持ちを伝える英語
応援したいとき

- [ ] くじけずにがんばって。 1

- [ ] 一生懸命がんばれ！ 2

- [ ] 幸運を祈る！ がんばれ！ 3

- [ ] それでいい！ その調子。 4

- [ ] その調子で続けて。 5

- [ ] 元気出して！ 6

- [ ] ぼくは君の味方だよ。 7

CHAPTER 8. 気持ちを伝える英語 | 応援したいとき

CHAPTER 8

Expressing your feelings

Cheering

---

1. ☑ Hang in there.

2. ☑ Do your best!

3. ☑ Good luck!

4. ☑ That's it!

5. ☑ Keep it up.

6. ☑ Chin up!

7. ☑ I'm on your side.

CHAPTER 8 気持ちを伝える英語
応援したいとき

- ☑ 楽しいからやってごらん。
- ☑ 試しにちょっとやってごらん。
- ☑ 心配しないで。
- ☑ もうちょっと。
- ☑ 君ならできる。
- ☑ 全力でやってみろ！
- ☑ 落ち着いて。

CHAPTER 8. 気持ちを伝える英語 | 応援したいとき

Expressing your feelings
Cheering

1. ☑ Have a try.

2. ☑ Give it a try.

3. ☑ Don't worry about it.

4. ☑ Not quite.

5. ☑ You can do it.

6. ☑ Go for it!

7. ☑ Slow down.

CHAPTER 8
気持ちを伝える英語
褒めたいとき

- [ ] よかったね！ ▶1
- [ ] うまくいったぞ！ ▶2
- [ ] よくできました！上出来！ ▶3
- [ ] すごい！ ▶4
- [ ] ついにやったね！ ▶5
- [ ] お見事！ ▶6
- [ ] それだ！ ▶7

CHAPTER 8. 気持ちを伝える英語 | 褒めたいとき

Expressing your feelings
Complimenting

1. ☑ Good for you!

2. ☑ It works!

3. ☑ Good job!

4. ☑ Awesome!

5. ☑ You did it!

6. ☑ Well done!

7. ☑ Way to go!

CHAPTER 8
気持ちを伝える英語
励ましたいとき

- ☑ 大したことないよ。

- ☑ そんなの何でもないよ。

- ☑ 明日は明日の風が吹く。

- ☑ 無理もないよ。

- ☑ 気にしないで。

- ☑ 元気だして。

- ☑ 仕方ないよ。

CHAPTER 8. 気持ちを伝える英語 | 励ましたいとき

CHAPTER 8
Expressing your feelings

Encouraging

1. ☑ It's no big deal.

2. ☑ That's nothing.

3. ☑ Tomorrow is another day.

4. ☑ No wonder.

5. ☑ Never mind.

6. ☑ Cheer up.

7. ☑ That's life.

CHAPTER 8
気持ちを伝える英語
驚いたとき

- ☑ おやまあ何てこった！
- ☑ それは初耳。
- ☑ 何てこった！
- ☑ まさか！
- ☑ 冗談だよ。
- ☑ すごいね！
- ☑ そんなはずがない。

CHAPTER 8. 気持ちを伝える英語 | 驚いたとき

CHAPTER 8
Expressing your feelings

Surprise

1. ☑ Holy mackerel!

2. ☑ That's news to me.

3. ☑ Shit!

4. ☑ Wanna bet?!

5. ☑ I'm just joking.

6. ☑ Amazing!

7. ☑ It can't be true.

CHAPTER 8
気持ちを伝える英語
驚いたとき

- ☑ あぜんとしちゃった！ ▶1

- ☑ 驚いた！ ▶2

- ☑ そんなのはナンセンスだ。 ▶3

- ☑ そんな…。 ▶4

- ☑ 本気なの？ ▶5

- ☑ 冗談でしょ。 ▶6

- ☑ 信じられない。 ▶7

CHAPTER 8. 気持ちを伝える英語 | 驚いたとき

CHAPTER 8
Expressing your feelings

Surprise

1. ☑ I'm speechless!

2. ☑ What do you know!

3. ☑ That's baloney.

4. ☑ Couldn't be.

5. ☑ Do you mean it?

6. ☑ You're kidding.

7. ☑ I can't believe my eyes.

CHAPTER 8
気持ちを伝える英語
感激したとき

☐ **でかした！**
成功した人に。

☐ **よくやったね！**
成功した人に。

☐ **やったあ！**
良い結果がでたときに。

☐ **感動した！**

☐ **すごいね！**

☐ **わ〜い！**

☐ **よし！**

CHAPTER 8. 気持ちを伝える英語 | 感激したとき

CHAPTER 8
Expressing your feelings

Being moved

1. ☑ Way to go!

2. ☑ You made it!

3. ☑ I did it!

4. ☑ It really touched me.

5. ☑ That's super!

6. ☑ Whoopee!

7. ☑ Yes!

CHAPTER 8
気持ちを伝える英語
ほっとしたとき

- [ ] あ〜よかった！ ▶1

- [ ] それを聞いて安心したよ。 ▶2

- [ ] ほっとしたぁ〜！ ▶3

- [ ] 間に合った。 ▶4

- [ ] 助かった！／神に感謝！ ▶5

- [ ] うまくいくと思わなかった。 ▶6

- [ ] あきらめるところだったよ。 ▶7

CHAPTER 8. 気持ちを伝える英語 | ほっとしたとき

CHAPTER 8
Expressing your feelings

Relieved

1. ☑ What a relief!

2. ☑ I'm glad to hear that.

3. ☑ Phew!

4. ☑ I made it.

5. ☑ Praise the Lord!

6. ☑ I didn't think we'd make it.

7. ☑ I almost gave up hope.

CHAPTER 8
気持ちを伝える英語

お断りしたいとき

- [ ] え、いやだよ。 ▶1
- [ ] 無理だよ。 ▶2
- [ ] やめておく。 ▶3
- [ ] けっこうです。 ▶4
- [ ] 必要ないよ。 ▶5
- [ ] 見込み薄だな。 ▶6
- [ ] 問題外だよ。 ▶7

CHAPTER 8. 気持ちを伝える英語 | お断りしたいとき

CHAPTER 8
Expressing your feelings

Refusing

1. ☑ No way, Jose.

2. ☑ No chance.

3. ☑ I'd better not.

4. ☑ No thanks.

5. ☑ No need.

6. ☑ Fat chance.

7. ☑ That's out of the question.

CHAPTER 8
気持ちを伝える英語

興味がないとき

- [x] お好きにどうぞ。 ▶1

- [x] 知ったことか。 ▶2

- [x] どうでもいいや。 ▶3

- [x] 特に何も。 ▶4

- [x] ちっともかまわないよ。 ▶5

- [x] どうでもいいよ。 ▶6

- [x] どっちでもいいよ。 ▶7

CHAPTER 8. 気持ちを伝える英語 | 興味がないとき

CHAPTER 8
Expressing your feelings

Not interested

1. ☑ Suit yourself.

2. ☑ Who cares?

3. ☑ Whatever.

4. ☑ So what?

5. ☑ I couldn't care less.

6. ☑ I don't care.

7. ☑ It doesn't matter to me.

CHAPTER 8
気持ちを伝える英語

文句を言いたいとき

- ☑ がっかりだよ。 1

- ☑ 君のせいだ。 2

- ☑ いい加減にしろ！ 3

- ☑ そう怒るなって！ 4

- ☑ それは、あなたの自業自得だ。 5

- ☑ それはあなたの勝手な意見だ！ 6

- ☑ 君に言われたくない。 7

CHAPTER 8. 気持ちを伝える英語 | 文句を言いたいとき

CHAPTER 8
Expressing your feelings

Complaining

1. ☑ You let me down.

2. ☑ It's your fault.

3. ☑ That's enough!

4. ☑ Don't explode!

5. ☑ You asked for it.

6. ☑ Says you!

7. ☑ You can't talk.

CHAPTER 8 気持ちを伝える英語
言い返したいとき

- ☑ かまうものか。 1
- ☑ だから何？ 2
- ☑ 何か問題あり？ 3
- ☑ 何でわかるのさ？ 4
- ☑ 何でそうなの？ 5
- ☑ 何だって？ 6
- ☑ 冗談じゃない！ 7

CHAPTER 8. 気持ちを伝える英語 | 言い返したいとき

CHAPTER 8
Expressing your feelings

Responding

1. ☑ Who cares?

2. ☑ So what?

3. ☑ Any problems?

4. ☑ Says who?

5. ☑ Why so?

6. ☑ Say what?

7. ☑ No way!

CHAPTER 8
気持ちを伝える英語

怒ったとき

- [ ] がまんできない。 ▶1

- [ ] 頭にきた！ ▶2

- [ ] あなたなんか絶交よ！ ▶3

- [ ] 黙れ！ ▶4

- [ ] ひどいやつ！ ▶5

- [ ] ふざけんな。 ▶6

- [ ] むかつくー!! ▶7

CHAPTER 8. 気持ちを伝える英語 | 怒ったとき

Expressing your feelings
Getting angry

1. ☑ I can't stand it.

2. ☑ I'm really mad!

3. ☑ I'm finished with you!

4. ☑ Just shut up!

5. ☑ Meanie!

6. ☑ Very funny.

7. ☑ You're disgusting!!

CHAPTER 8
気持ちを伝える英語

怒ったとき

- [ ] やけくそだ。のるかそるかだ。 ▶1
- [ ] 嘘つくな。 ▶2
- [ ] 嘘つけ！ ▶3
- [ ] 何すんだよ！ ▶4
- [ ] やめて！ ▶5
- [ ] やめてくれない？ ▶6
- [ ] うるさいな！ ▶7

CHAPTER 8. 気持ちを伝える英語 | 怒ったとき

Expressing your feelings
Getting angry

1. ☑ It's all or nothing.

2. ☑ Save it.

3. ☑ That's bullshit!

4. ☑ Bug off!

5. ☑ Don't!

6. ☑ You mind?

7. ☑ Get off my back!

CHAPTER 8
気持ちを伝える英語
怒ったとき

- ばかにしないで。 1
- 言い訳しないで！ 2
- 何ですって?! 3
- ひとりにして！ 4
- 邪魔しないでよ。 5
- ずうずうしい！ 6
- ひどーい！ 7

CHAPTER 8. 気持ちを伝える英語 | 怒ったとき

Expressing your feelings
Getting angry

1. ☑ Stop making fun of me.

2. ☑ Don't make excuses!

3. ☑ What did you say ?!

4. ☑ Leave me alone!

5. ☑ Don't bug me.

6. ☑ What nerve!

7. ☑ You're terrible!

CHAPTER 8
気持ちを伝える英語
怒ったとき

- [x] あり得ない！　　　　　　　　　1

- [x] 気色悪い！　　　　　　　　　　2

- [x] 集中できない！　　　　　　　　3

- [x] 当たり前よ！　　　　　　　　　4

- [x] 返してくれない？　　　　　　　5

- [x] 面倒くさい！　　　　　　　　　6

- [x] 余計なお世話だ！　　　　　　　7

CHAPTER 8. 気持ちを伝える英語 | 怒ったとき

CHAPTER 8
Expressing your feelings
Getting angry

1. ☑ Never!

2. ☑ How disgusting!

3. ☑ I can't concentrate!

4. ☑ Naturally!

5. ☑ Can I have it back?

6. ☑ What a pain in the neck!

7. ☑ Butt out!

CHAPTER 8
気持ちを伝える英語
ピンチのとき

- [x] 何てこった！

- [x] 何てバカなことを！

- [x] あせった。

- [x] まさか。

- [x] 冗談やめてよ。

- [x] そんなバカな。

- [x] まずい！

CHAPTER 8. 気持ちを伝える英語 | ピンチのとき

CHAPTER 8
Expressing your feelings

In a pinch

1. ☑ Holy cow!

2. ☑ That's so stupid!

3. ☑ I'm freaked.

4. ☑ I hope this is a dream.

5. ☑ Come off it.

6. ☑ That'll be the day.

7. ☑ Brother!

CHAPTER 8
気持ちを伝える英語
謝りたいとき

- ☑ ごめん。

- ☑ すみません。

- ☑ 申し訳ございません。

- ☑ 今後十分に気を付けます。

- ☑ もう二度としません。

- ☑ 勘弁して。

- ☑ そこを何とか！

CHAPTER 8. 気持ちを伝える英語 | 謝りたいとき

CHAPTER 8

Expressing your feelings

Apologizing

1. ☑ So sorry.

2. ☑ I feel really bad.

3. ☑ I have to apologize.

4. ☑ I'll be more careful in the future.

5. ☑ I'll never do that again.

6. ☑ Spare me.

7. ☑ Have a heart!

CHAPTER 8
気持ちを伝える英語

がっかりしたとき

☑ やれやれ。　　　▶1

☑ お気の毒に…。　　▶2

☑ がっかりしちゃった。　▶3

☑ かわいそうに！　　▶4

☑ 仕方がない。　　　▶5

☑ ショック。　　　▶6

☑ どうしようもない。　▶7

CHAPTER 8. 気持ちを伝える英語 | がっかりしたとき

CHAPTER 8
Expressing your feelings
Being disappointed

1. ☑ Good grief.

2. ☑ I feel sorry for you.

3. ☑ I'm disappointed.

4. ☑ What a pity!

5. ☑ That's the way it goes.

6. ☑ I'm shocked.

7. ☑ I can't help it.

CHAPTER 9

人を描写する表現
English for describing people

うわさ話をする時や自分のことを伝える時に、体形や性格の話は欠かせません。そんな時に使えるフレーズをたっぷりまとめました。

English for describing people

INDEX

- 人の性格を表す表現
- 人の体形を表す表現

CHAPTER 9
人を描写する表現

人の性格を表す表現

- 彼はおしゃべりだ。
- 彼女はおとなしい。
- 彼は賢い。
- 君は冗談がうまい。
- 彼はずる賢い。
- 彼はだらしない。
- 彼はのんきものだ。

CHAPTER 9. 人を描写する表現 | 人の性格を表す表現

CHAPTER 9
Describing people

Behavior

1. ☑ He's a big mouth.

2. ☑ She's quiet.

3. ☑ He's really bright.

4. ☑ You're so funny.

5. ☑ He's devious.

6. ☑ He's so sloppy.

7. ☑ He's easygoing.

CHAPTER 9 人を描写する表現

人の性格を表す表現

- 彼はひねくれものだ。
- 彼女はわがままだ。
- 彼は意地悪だ。
- 彼女は好みにうるさい。
- 彼は行き当たりばったりな人だ。
- 彼は根性がある。
- 彼女は傷つきやすい。

CHAPTER 9. 人を描写する表現 | 人の性格を表す表現

Chapter 9
Describing people

Behavior

1. ☑ He has a twisted mind.

2. ☑ She's selfish.

3. ☑ He's mean.

4. ☑ She's picky.

5. ☑ He's happy-go-lucky.

6. ☑ He has a lot of guts.

7. ☑ She's delicate.

CHAPTER 9
人を描写する表現

人の性格を表す表現

- ☑ 彼は心が狭い。
- ☑ 彼は心が広い。
- ☑ 彼女は親しみやすい。
- ☑ 彼は人付き合いがいい。
- ☑ 彼女は世間知らずだ。
- ☑ 彼は怒りっぽい。
- ☑ 彼は優しい。

CHAPTER 9. 人を描写する表現 | 人の性格を表す表現

CHAPTER 9
Describing people

Behavior

1. ☑ He's narrow-minded.

2. ☑ He's open-minded.

3. ☑ She's friendly.

4. ☑ He's sociable.

5. ☑ She's naive.

6. ☑ He's testy.

7. ☑ He's sweet.

CHAPTER 9
人を描写する表現

人の体形を表す表現

- ☑ 彼は太っている。
- ☑ 彼は体格がいい。
- ☑ 彼は二重あごだ。
- ☑ 彼女はガリガリだ。
- ☑ 彼女はスタイルがいい。
- ☑ 彼女はぽっちゃりしている。
- ☑ 彼女はやせている。

CHAPTER 9
Describing people
The human body

1. ☑ He's overweight.

2. ☑ He's well-built.

3. ☑ He's double-chinned.

4. ☑ She's skin and bones.

5. ☑ She has a great figure.

6. ☑ She's chubby.

7. ☑ She's skinny.

学校では教えてくれなかった英語
「ごちそうさま」を英語で言えますか？

発行日	2013年4月1日　第1版第1刷
	2013年6月25日　第1版第11刷
著者	デイビッド・セイン
デザイン	細山田光宣＋木寺梓（細山田デザイン事務所）
イラスト	中野きゆ美
編集協力	窪嶋優子
校正	中山祐子
編集担当	柿内尚文
編集アシスタント	舘瑞恵
営業担当	熊切絵理
営業	丸山敏生、増尾友裕、石井耕平、菊池えりか、伊藤玲奈、櫻井恵子、田邊曜子、吉村寿美子、大村かおり、高垣真美、高垣知子、柏原由美、大原桂子、寺内未来子、綱脇愛
プロモーション	山田美恵、谷菜穂子
編集	小林英史、黒川精一、名越加奈枝、杉浦博道
編集総務	鵜飼美南子、髙山紗耶子
講演事業	齋藤和佳
マネジメント	坂下毅
発行人	高橋克佳

発行所　株式会社アスコム

〒105-0002
東京都港区愛宕1-1-11　虎ノ門八束ビル
編集部　TEL：03-5425-6627
営業部　TEL：03-5425-6626　FAX：03-5425-6770

印刷・製本　中央精版印刷株式会社
Ⓒ AtoZ Co.Ltd.　株式会社アスコム
Printed in Japan ISBN 978-4-7762-0778-8

本書は著作権上の保護を受けています。本書の一部あるいは全部について、株式会社アスコムから文書による許諾を得ずに、いかなる方法によっても無断で複写することは禁じられています。

落丁本、乱丁本は、お手数ですが小社営業部までお送りください。
送料小社負担によりお取り替えいたします。定価はカバーに表示しています。

**わざわざ勉強しなくても
知っている単語でペラペラ話せる！**

mini版
英会話の9割は中学英語で通用する

デイビッド・セイン
David A. Thayne

アスコムmini bookシリーズ

ネイティブもこうやって覚えています！

「基本フレーズ＋付け足し」を覚えるだけ。手っ取り早く、ぺらぺら話せるようになる！

ベストセラー
『日本人の
ちょっとヘンな英語』
の著者が明かす
英会話の極意！

アスコム

mini版
英会話の9割は中学英語で通用する
デイビッド・セイン
680円（税込）

中学英語でここまで話せる！驚きの手軽さ！
76フレーズを押さえるだけで英会話の9割はバッチリ！
本当に手っ取り早くペラペラになれる一冊です！

絵本を見る感覚で、ネイティブ流の英単語の意味がすごくよくわかる!

mini版
学校では教えてくれなかった
ネイティブにちゃんと伝わる英単語帳

デイビッド・セイン
David A. Thayne

アスコムmini bookシリーズ

日本人が苦手な微妙な英単語のニュアンスがイラストやグラフですぐわかる!

ベストセラー『日本人のちょっとヘンな英語』のセイン先生直伝英単語インプットの極意!

mini版
学校では教えてくれなかった
ネイティブにちゃんと伝わる英単語帳
デイビッド・セイン
680円(税込)

あなたが覚えたその単語、ネイティブは違った意味で使っているかも?!
日本人が苦手な英単語の微妙なニュアンスを
イラストとグラフで楽しく図解。違いがスッキリわかる一冊!

**意外と使ってしまっている
間違った英語がスッキリわかる!**

出社してから帰るまで
ネイティブに伝わる
ビジネス英語700

デイビッド・セイン
David A.Thayne

ネイティブに
まったく届かない英語が
職場で多発してます!

◎英語社内公用語対策にも!

出社してから帰るまで
ネイティブに伝わる ビジネス英語700

デイビッド・セイン
935円(税込)

日本人が気づかずに使ってしまっている、間違った英語表現を紹介。
そのうえで、どうすればネイティブに通じるのかを丁寧に解説。
出社してから帰るまでの英語が、この一冊でOK。